LA GARDE MOBILE DE LA COTE-D'OR

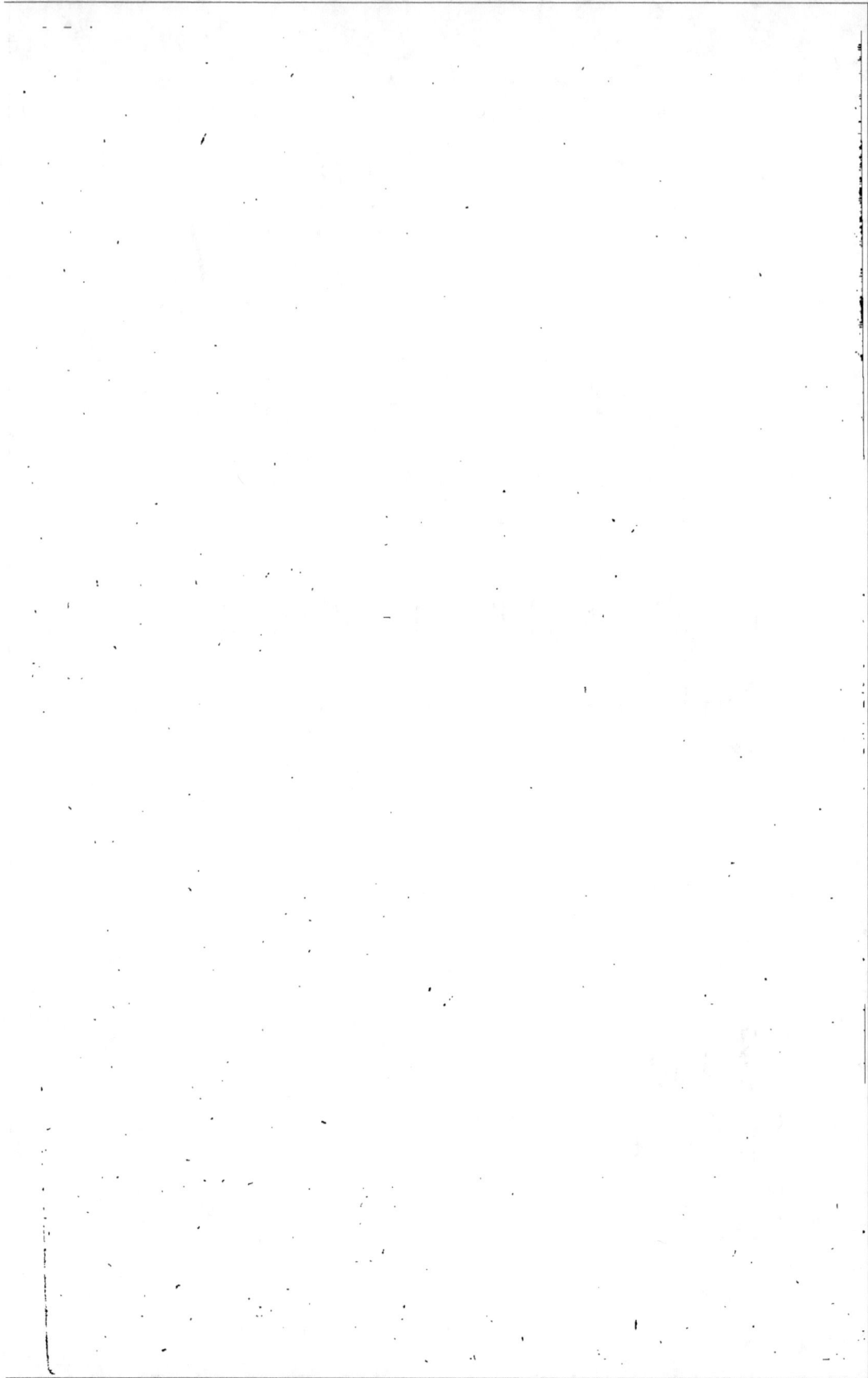

LA
GARDE MOBILE
de la Côte-d'Or

Souvenir du 2ᵉ Bataillon

**Notes prises jour par jour, du 14 Août 1870
au 18 Mars 1871**

Par J.-B. LEPITRE

Clairon à la 2ᵉ Compagnie du 2ᵉ Bataillon

LANGRES

IMPRIMERIE LEPITRE-JOBARD

—

1912

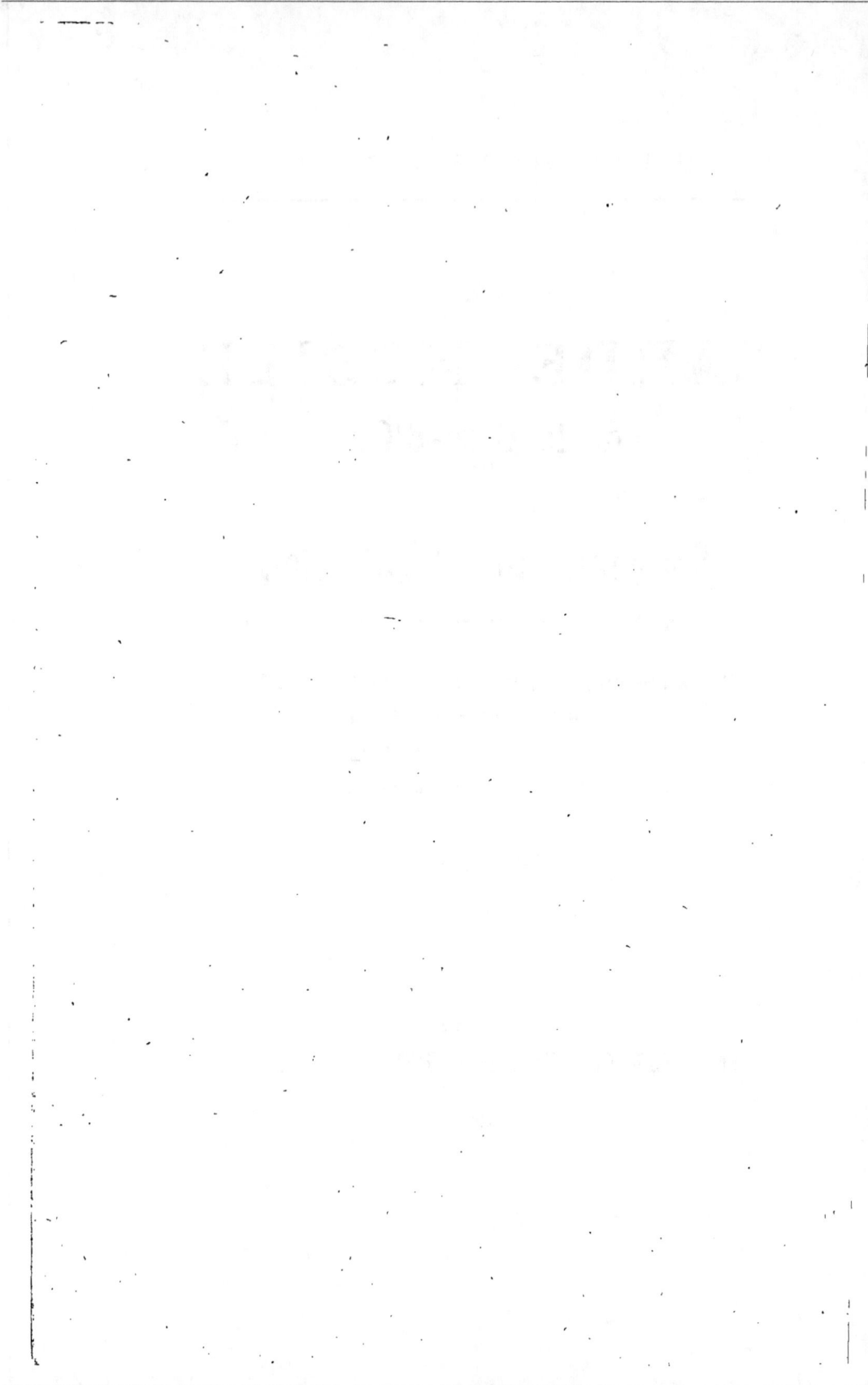

AVANT PROPOS

—

Lorsqu'en 1910, au Banquet des Mobiles du 2e Bataillon, l'assemblée m'a désigné pour présider le banquet de 1911, je me suis promis de présenter à cette belle réunion un compte-rendu de tout ce que le 2e Bataillon avait fait pendant les sept mois passés à Châtillon, Dijon et Paris, un résumé de tout ce que nous avons fait chaque jour, du 14 août 1870 au 18 mars 1871, à seul fin de faire revivre dans leur mémoire, les travaux de défense que nous avons faits, les communes ou nous avons tenu garnison, les batailles auxquelles nous avons pris part et enfin tout ce que nous avons souffert pendant ces longs mois passés au siège de Paris.

J'ai donc puisé dans mes notes prises jour par jour pendant la campagne, tout ce qui pouvait les intéresser.

C'est au banquet du 15 octobre 1911 que j'ai communiqué aux camarades ce compte-rendu qui a été écouté avec la plus vive attention par tous les convives.

C'est sur la demande de tous les camarades présents au banquet, que j'ai livré à l'impression ce petit opuscule qui, je l'espère du moins, sera un souvenir pour chaque Mobile du 2e bataillon.

J.-B. Lepitre.

Langres, le 2 juin 1912.

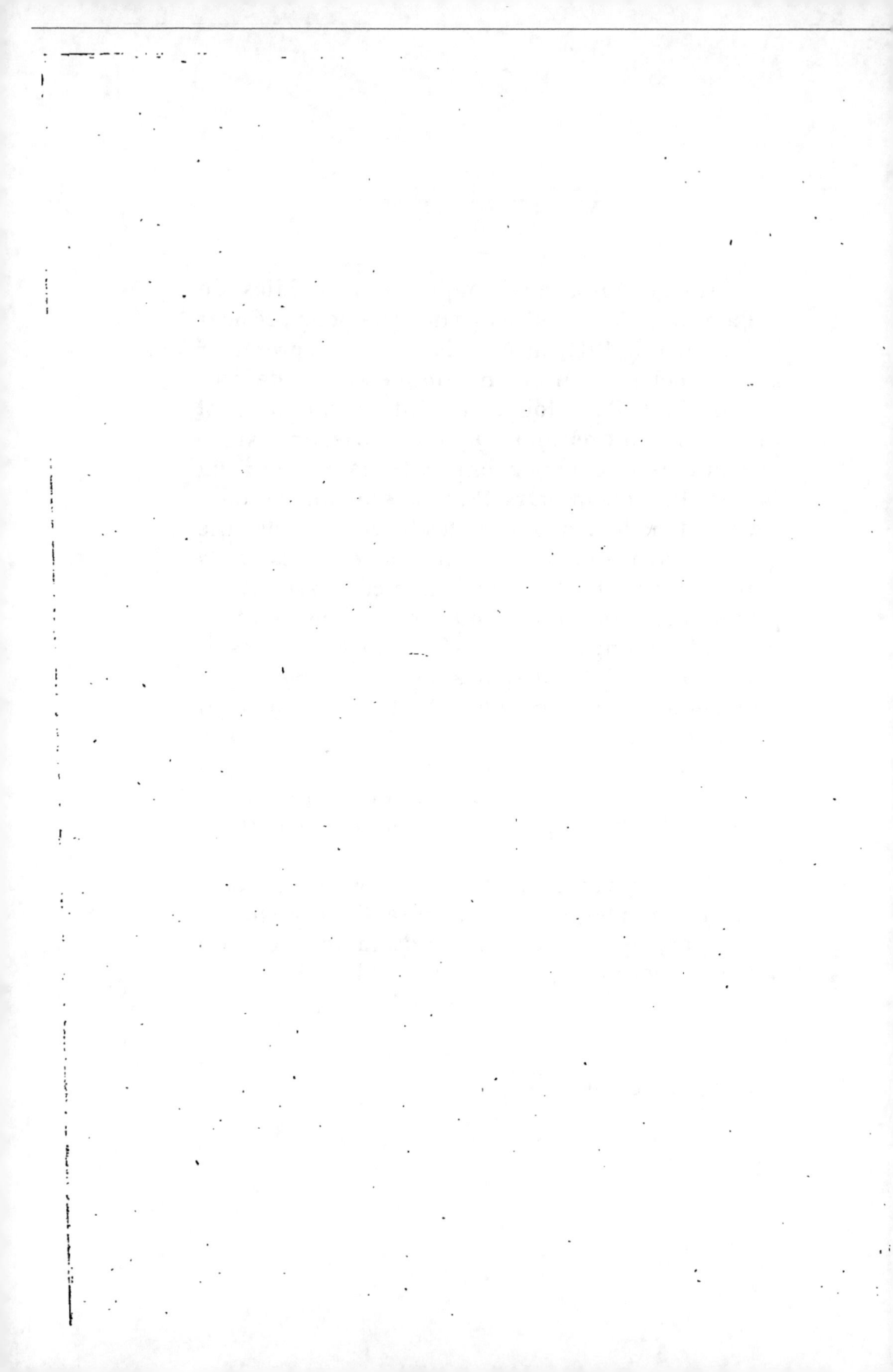

La Garde Mobile de la Côte-d'Or

La Garde Mobile fut appelée sous les drapeaux le 14 août 1870.

Le département de la Côte-d'Or a fourni 4 bataillons :

Le 1er pour la région de Beaune ;

Le 2e   id.   de Châtillon-sur-Seine ;

Le 3e   id.   de Dijon ;

Le 4e   id.   de Semur.

Le 2e bataillon qui s'est formé à Châtillon était composé de 8 compagnies.

Voici les noms des officiers par compagnie :

Chef de bataillon : M. le vicomte de Mandat de Grancey.

1re compagnie : capitaine Logerot ; — lieutenant Devesne ; — sous-lieutenant Aigoin.

2e compagnie : capitaine Diérolf ; — lieutenant Davoust ; — sous-lieutenant Bart.

3e compagnie : capitaine Lambert ; — lieutenant Daguin ; — sous-lieutenant Goujon de Mareille.

4e compagnie : capitaine Bertillon ; — lieutenant Frèrebeau ; — sous-lieutenant Larribe.

5ᵉ compagnie : capitaine Bordet ; — lieutenant N... ; — sous-lieutenant Muteau.

6ᵉ compagnie : capitaine Chambure ; — lieutenant Gascon ; — sous-lieutenant Tardy.

7ᵉ compagnie : capitaine Bony ; — lieutenant Guyon ; — sous-lieutenant Quirot.

8ᵉ compagnie : capitaine Pétrot ; — lieutenant George ; — sous-lieutenant de Chargère.

Dès le 15 août M. le commandant de Grancey et M. le capitaine Diérolf ont commencé à organiser le bataillon.

Le 2ᵉ bataillon est resté à Châtillon du 14 au 27 août. Les exercices avaient lieu 2 heures le matin et 2 heures le soir sur la promenade du Cours-l'Abbé.

On nous avait donné comme costume une blouse bleue avec une croix rouge sur chaque bras.

Le samedi 27 août, après l'exercice du matin, le commandant recevait l'ordre de tenir son bataillon prêt à partir pour Dijon. Le rassemblement devait avoir lieu à midi sur la place de l'Hôtel de Ville et de là gagner la gare.

A une heure embarquement et départ.

Nous faisons une halte de 2 heures à Nuits-sous-Ravière et à 5 heures nous nous embarquons à nouveau.

Nous arrivons à Dijon à 9 heures du soir. On nous conduit dans un magasin à fourrage où on a remis à chaque homme une botte de paille pour passer la nuit ; puis on conduit 4 compagnies aux Capucins et 4 aux Ursulines.

Là on a délié la botte de paille et on s'est couché dans la cour.

A Dijon

Le 2ᵉ bataillon est resté à Dijon du 27 août au 9 septembre. Les exercices avaient lieu 2 heures le matin et 2 heures le soir. Chaque homme recevait 1 fr. par jour.

Le 1ᵉʳ septembre on nous fait la distribution de képis. Le 2, distribution de fourreaux de baïonnettes, de ceinturons et de bretelles de fusils.

Le dimanche 4, une dépêche annonce la triste nouvelle du désastre de Sedan, et le soir à 8 heures une autre dépêche dit que la République est proclamée.

Le 7, au rapport il est dit que le 1ᵉʳ bataillon partira aujourd'hui pour Paris.

Le soir grande retraite aux flambeaux pour les adieux du 3ᵉ bataillon qui doit partir le lendemain.

Le 8, le 2ᵉ bataillon se rend à une poudrière où une distribution de 36 cartouches est faite à chaque homme.

Le 9 au matin, on lit l'ordre du jour qui fixe le départ du 2ᵉ bataillon à une heure de l'après-midi. Le rassemblement doit avoir lieu sur la place Darcy.

A midi nous sommes réunis et le capitaine de chaque compagnie fait la solde de 3 fr. à chaque homme.

A une heure moins un quart nous nous sommes mis en marche pour nous rendre à la gare.

Sur le quai la musique de la ville se fait entendre pendant que nous prenons place dans les wagons.

Quand l'embarquement est terminé elle joue le *Chant du Départ* et à une heure un quart nous partons.

Le bataillon laissa à Dijon les cadres constitutifs d'une compagnie de dépôt, capitaine Logerot.

Le bataillon se trouve alors formé de 7 compagnies.

A Paris

Nous sommes arrivés à Paris le 10 septembre à 2 heures du matin (gare de Lyon) et là, comme à Dijon, on nous a remis une botte de paille et nous avons passé le reste de la nuit dans la cour de la gare.

A 8 heures du matin on nous donne des billets de logement et le bataillon se rend sur la place du Château-d'Eau et de là dans ses logements ou nous avons été bien reçu.

Paris était sans dessus dessous. Partout la Garde Nationale manœuvrait. A chaque instant on nous demandait : Quel département ? — Côte-d'Or.

Du 10 au 22 septembre les exercices avaient lieu 2 fois par jour sur le boulevard Lachapelle.

La Mobile arrive de toutes parts et les débris de l'armée du général Vinoy rentrent dans Paris.

Ici nous touchons 1 fr. 50 par jour.

Le 13, le bataillon se rend aux Champs Elysées pour passer une revue du général Trochu. Il y avait 300.000 hommes.

A une heure et demie le défilé commence et le régiment de la Côte-d'Or se fait remarquer par sa belle tenue et les cris de : Vive la Côte-d'Or ! se font entendre.

Le général a félicité les officiers. A 3 heures nous étions de retour au boulevard Lachapelle.

Le 14, nous allons au fort de Vincennes pour échanger nos fusils à piston contre des chassepots.

Les 15, 16 et 17, exercices sur le boulevard.

Le 18, un décret du gouvernement de la défense nationale ordonne l'élection des officiers dans tous les bataillons de la Garde Mobile.

Le 19, conformément au décret du 18, il est procédé aux élections : M. de Grancey est nommé lieutenant-colonel commandant le régiment de la Côte-d'Or, et M. le capitaine Diérolf est nommé commandant du 2e bataillon.

A neuf heures du soir, on bat le rappel ; nous nous rendons au boulevard et de là on nous conduit aux Buttes Chaumont où nous avons passé la nuit. C'était la première fois que nous couchions dehors. La pluie n'a pas cessé de tomber.

Le lendemain vers 10 heures du matin, nous rentrons dans nos logements.

Le 21, à 9 heures du soir, nous allons passer la nuit près du « Père Lachaise ».

Le 23, à 5 heures du matin, le 2e bataillon, réuni au boulevard Lachapelle, part pour Montrouge pour y tenir garnison.

A Montrouge

Ce jour-là il y avait une grande bataille à Villejuif. En sortant de Paris on nous fit ranger en bataille, et toute les dix minutes en avançait. La fusillade était terrible et les mitrailleuses faisaient un bruit épouvantable.

A 11 heures le feu cessa et on nous fît entrer dans le village de Montrouge. Nous apercevons Bagneux qui est en face. On nous dit que les Prussiens sont là.

Nous sommes campés dans la grande rue où nous faisons la soupe pour la première fois.

A la nuit tombante on nous conduit au Collège St-Joseph pour y passer la nuit.

Le 24, dès le grand matin, plusieurs compagnies vont faire des barricades dans la rue qui conduit à Bagneux.

Le 25, la 2e compagnie va faire une reconnaissance sur la gauche du fort. Le capitaine fait charger les armes et déploie moitié de la compagnie en tirailleurs. Ces derniers étaient à peu de distance d'un grand mur quand un coup de feu retentit. Aussitôt ils se sont repliés.

A une heure de l'après-midi nous allons prendre les grandes gardes en place du 100e de ligne. Nous sommes en première ligne. Le feu commence du côté de Châtillon.

Le 26 nous sommes relevés par le 100e et nous rentrons à Montrouge.

Le 27, à midi, le 3e bataillon de la Côte-d'Or va faire une reconnaissance offensive et nous sommes en réserve pour leur porter secours.

Cette reconnaissance devait se faire sur le village

de Bagneux, mais le bataillon s'est porté sur une maison appelée « Maison Millaud » ou il y avait un poste prussien qui fut délogé.

Aussitôt on commence les travaux de défense.

Le 28, nous sommes occupés toute la journée à démolir les murs, à créneler les maisons et à barrer les rues. Des ouvriers démolissent le clocher du collège St-Joseph et toutes les tombes du cimetière sont couchées à terre.

Le 29, nous allons aux avants-postes et vers quatre heures des Francs-Tireurs viennent faire une reconnaissance en avant de Bagneux. Ils ont perdu un homme.

A 9 heures du soir une vive fusillade se fait entendre du côté de Villejuifs.

La 2e compagnie occupait un clos à 300 mètres de Bagneux.

Le 30, une forte reconnaissance fut faite par le 13e corps sur Choissy et l'Hay.

Dès que le jour paru, une forte canonnade fut dirigée par les forts de Charenton, d'Ivry, Bicêtre et Montrouge, sur Choissy, Chevilly et l'Hay. Le feu des forts ayant cessé, les troupes marchèrent en avant.

La brigade Guilhem, formée de deux excellents régiments, les 35e et 42e, s'empare promptement de Chevilly.

La brigade Dumoulin à droite, attaquait l'Hay et à gauche la brigade Blaise devait s'emparer de Thiais et Choissy. Notre 1er bataillon était engagé dans cette affaire et nous nous formions la réserve.

A 9 heures le combat était fini. Le général Guilhem avait reçu 10 balles dans la poitrine.

Nos pertes en tués, blessés ou disparus étaient de 1,988 hommes.

Cette affaire apprit à l'ennemi que Paris était défendu par de vrais soldats.

Le dimanche 1er octobre, tout le bataillon assiste à la messe dite par notre aumônier sur la barricade que nous avions élevée au bout de la grande rue face à Bagneux.

Les 2, 3, 4, 5 et 6 octobre, nous restons à Montrouge ou tous les deux jours nous prenions les grandes gardes en place du 100e de ligne.

Le 7, à 4 heures de l'après-midi, M. Magnien, député de la Côte-d'Or, ministre de l'agriculture, passe le 2e bataillon en revue. Il adresse quelques paroles aux hommes : « Vous occupez un poste d'honneur, ils faut vous en rendre digne ».

— Vive M. Magnien ! crient les hommes.

— Vive la France ! répond M. Magnien, du courage et de l'espoir !

Le 8, on nous vaccine ; le 9 nous allons aux grandes gardes.

Le 10, à 5 heures du soir, on nous fait prendre les armes et on nous conduit à la Maison Millaud pour faire des travaux de défense.

Au retour du bataillon, le général Blanchard le félicite pour les travaux qu'il vient d'accomplir.

Les 11 et 12 nous nous reposons. Il y avait beaucoup de malades par suite de la vaccination, et la petite variole avait déjà fait beaucoup de ravage dans nos rangs.

Combat de Bagneux

Le 13 octobre, le général Trochu, voulant se rendre compte des forces de l'ennemi, avait ordonné une reconnaissance offensive sur le village de Bagneux.

Dès 7 heures du matin, les 2e et 3e bataillon des Mobiles de la Côte-d'Or et un de l'Aube, étaient réunis sous le fort de Montrouge, lieudit la *Maison Millaud*, et à 8 heures précises, au signal donné par quelques obus partis du fort, le 3e bataillon franchit les tranchées et se dirige sur la gauche de Bagneux.

Immédiatement après, le 2e bataillon franchit aussi les tranchées et, baïonnette au canon, attaque le village de front, enlève au pas de course le village de Bagneux, malgré la fusillade meurtrière d'un ennemi caché derrière les murs crénelés, et chasse un régiment Bavarois.

Pendant l'attaque, le colonel, M. de Grancey, encourageait les hommes : « Allons les enfants, c'est comme cela qu'on y va ? » Et les marins du fort de Montrouge criaient : « Bravo la Côte-d'Or. »

Dès l'entrée dans le village le 2e bataillon fait une vingtaine de prisonniers. Arrivant sur la place de l'église, les Mobiles s'empressent de faire une barricade avec les chaises trouvées dans l'édifice ; la fusillade continuait toujours.

Peu après, nous rencontrons une trentaine de prisonniers sous la garde d'un capitaine du 3e bataillon. Nous commençons aussitôt le siège des maisons. On cherche dans les caves, les chambres, les greniers et les jardins.

Dans cette recherche le Garde Mobile Liautey de la 3e compagnie, arrive avec une vingtaine de prisonniers qu'il avait trouvé cachés dans une cave.

Dans la rue d'Arcueil nous rencontrons plusieurs soldats bavarois qui sont tués.

Vers 10 heures, un bataillon du 35e de ligne escorté de deux pièces de canon, arrive dans le village et va prendre position du côté du cimetière ou l'ennemi était embusqué.

A 5 heures du soir, l'ordre est donné de se replier, et la Mobile rentre dans les tranchées de la Maison Millaud.

Le général Trochu qui était là avec son état-major crie en voyant les Mobiles : « Bravo ! la Côte-d'Or. »

Dans cette affaire nous avons perdu deux camarades de Châtillon, René Converset et Henri Parisot, qui furent tués.

Le 14, dès le grand matin, des affiches annonçaient aux Parisiens la prise de Bagneux et mettaient les soldats qui avaient pris part à l'action, à l'ordre du jour.

Dans un ordre du jour le gouverneur de Paris félicite les bataillons de la Côte-d'Or et leur lieutenant-colonel, M. de Grancey, pour leur belle conduite à Bagneux.

Dans la soirée on nous fait la distribution de sac.

Le 15, à 5 heures du matin nous allons faire des tranchées à Cachan et à 9 heures nous rentrons à Montrouge.

Le soir à 6 heures nous allons aux grandes gardes à Cachan et nous avons passé la nuit aux avants-postes.

Le 15, nous revenons à Montrouge où on nous dit que nous allons rentrer à Paris pour nous reposer.

A midi des Mobiles Bretons viennent pour nous remplacer. A une heure nous partons.

Le général Blanchard dans des adieux pleins de chaleur exprime au régiment les regrets qu'il éprouve de lui voir quitter son corps d'armée.

Au boulevard Rochechouart

Nous arrivons au boulevard Rochechouart et on nous loge dans les baraques en planches.

Le 18, la 2ᵉ compagnie se rend au Val de Grâce pour l'enterrement de Gustave Lallemand.

Sur sa tombe, le capitaine Lambert prononce les paroles suivantes :

« Gustave Lallemand que vous connaissez tous,
« aurait été comme nous, il aurait combattu à
« Bagneux si une cruelle maladie ne l'avait pas
« forcé à se retirer des rangs de ses camarades
« avec lesquels il était disposé à combattre pour
« la Patrie ; il aurait fait comme nous, Messieurs,

« je le répète, s'il avait été avec nous dans Bagneux.
« Ici nous venons lui rendre le dernier devoir et
« c'est avec la douleur dans l'âme que nous venons
« lui dire adieu, adieu ami, adieu ».

Le 19 nous allons faire l'exercice hors des fortifications.

Les 20, 21 et 22, nous restons au quartier.

Le 23, à midi, revue des effets par le commandant.

Les 24, 25 et 27, théorie dans les chambres. La pluie ne cesse de tomber.

Le 27, on nous donne des capotes.

Le 28, distribution de caleçons.

Le 29, le sergent-major nous dit : Demain nous partirons pour Colombe.

Le 30, à 9 heures du matin le bataillon se met en marche et nous arrivons à Colombe à 2 heures de l'après-midi.

A Colombe

Nous sommes restés dans ce village du 30 octobre au 3 novembre et pendant ces trois jours nous n'avons eu que des alertes, par suite de la révolution qui avait éclaté à Paris.

Le 31 octobre, à 4 heures du matin, on nous fait prendre les armes. Nous ne savions pas si s'était les prussiens où les parisiens qui voulaient nous attaquer.

Voici ce qui c'était passé :

La Révolution avait éclaté dans Paris, Flourens en tête de son régiment voulait s'emparer de l'Hôtel de Ville et proclamer la Commune. Mais ne se trouvant pas maître, il a dû renoncer à son projet et alors l'ordre est arrivé de désarmer son régiment dit de Belleville.

Mais cela n'était pas fini. Quand les gardes nationaux de Belleville ont su qu'on allait les désarmer ils se sont révoltés et ont marché sur l'Hôtel de Ville.

Arrêtés par la troupe ils se sont repliés. Flourens a été cassé de son commandement.

Nous sommes restés 2 heures de temps sac au dos et ensuite nous sommes rentrés dans les maisons.

Le 1er novembre, à 4 heures du soir, le bataillon va passer la nuit à Charlebourg, village qui se trouve tout près de Colombe.

A 10 heures du soir, on nous fait lever, mettre sac au dos. Une fois le bataillon rassemblé on nous emmène à environ 500 mètres du village.

Le colonel allait et venait, mais on ne savait rien, on supposait que cette fois on allait marcher sur Paris.

Enfin au bout de 2 heures le colonel arrive et dit: c'est fini. Nous sommes rentrés nous coucher.

Dans la journée quelques compagnies vont faire une redoute en avant du village.

Le 2, à 7 heures du matin, la 2e compagnie se rend aux grandes gardes. A midi nous rentrons ; le soir nous sommes de piquet.

Le 3 novembre, à l'appel de midi, on nous prévient que nous allons retourner à Neuilly.

A 2 heures du soir nous nous dirigeons du côté de Paris.

A Neuilly

Nous sommes restés dans cette ville 17 jours et tous les jours le bataillon faisait des manœuvres à Longchamps et des promenades militaires au bois de Boulogne.

Le 5, le commandant fait appel aux musiciens pour organiser une fanfare.

Les 6, 7, 8 et 9, exercices.

Le 10, un ordre du régiment fait connaitre que par décret du 6 novembre 1870, la croix d'officier de la Légion d'Honneur a été conférée à M. le colonel de Grancey, la croix de chevalier à M. Lambert, capitaine de la 2e compagnie, Bézard, sergent à la 5e compagnie, la médaille militaire aux nommés Bouvier, caporal à la 1re compagnie, Brocard, garde à la 4e et Liautey, garde à la 3e, pour leur belle conduite au combat de Bagneux.

Les 11 et 12, exercices au quartier.

Le 13, le bataillon se rend à l'église de Neuilly pour la messe, et à midi nous passons une revue du général Ducrot, au bois de Boulogne. Nous rentrons à 4 heures.

Les 14, 15 et 16, exercices et promenades. Dans l'après-midi répétition de la fanfare.

Le 17, à 5 heures du soir, on nous dit que nous **partirons** dimanche pour Ivry.

Le 19, concert par la fanfare.

Le 20, à 10 heures du matin nous partons pour Ivry. Nous faisons une halte de 10 minutes rue de Vaugirard. Nous arrivons dans notre nouvelle garnison à 3 heures de l'après-midi (1).

A Ivry

Nous sommes restés dans ce village du 20 au 28 novembre.

Le 21, pas d'exercices. Il fait très froid.

Le 22, après l'appel de midi nous allons nous promener en dehors d'Ivry, mais pas très loin car les prussiens occupent tous les environs.

Le 23, le Gouverneur de Paris cite à l'ordre du jour, comme ayant bien mérité du pays, depuis le commencement du siège, le sergent Japiot, de la 2e compagnie et le garde Liautey de la 3e compagnie.

Le 24, nous passons une partie de la journée à nous nettoyer. On vient de s'apercevoir que notre campement était rempli de vermine.

Le 25, à 1 heure 1/2, concert par la fanfare.

Le 26, dans la matinée on nous dit qu'il faudra porter notre linge à Paris, chez des parents ou connaissances, à seule fin de ne pas trop se charger pour faire campagne et pouvoir emporter des vivres pour 8 jours.

Le 27, beaucoup de mobiles se rendent à Paris porter leur linge.

(1) Il y a eu grand bal le soir.

Le 28, après l'appel de midi on nous fait une distribution de jambons et de biscuits pour huit jours, et on se prépare à partir.

A 5 heures 1/2 le bataillon est rassemblé et à 6 heures on se met en route.

Nous passons à Charenton puis à Alfort. Nous arrivons au bois de Vincennes vers 8 heures du soir.

Au Bois de Vincennes

A notre arrivée, nous voyons que le bois est déjà occupé par une masse de troupe.

Nous passons la nuit sur la terre glacée, sans couverture.

Le 29, dès le matin on se prépare à partir. Mais rien de nouveau. L'attaque qui devait se faire n'a pas eu lieu par suite d'une crue inattendue.

Voici ce qui se passait ailleurs :

Le 29, des combats s'engageaient autour de Paris, par l'Hay et Thiais. Après une terrible canonnade partie des forts, les troupes du général Vinoy repoussaient l'ennemi. L'attaque de l'Hay et de Thiais avait pour objectif de l'armée française de faire croire aux prussiens que nous voulions nous emparer de Choisy-le-Roi ; de cette façon on faisait concentrer l'ennemi sur ce point tandis qu'à Nogent on passerait la Marne presque sans combat. L'opération ne réussit pas à cause de cette crue subite des eaux, attribuée, par plusieurs, à la rupture d'un barrage par les prussiens, par d'autres à la négligence du génie militaire.

Dans la soirée on nous communique de grandes affiches portant la proclamation suivante :

« Soldats de la 2ᵉ armée de Paris, le moment est
« venu de rompre le cercle de fer qui nous enserre
« depuis trop longtemps, et menace de nous étouf-
« fer dans une lente agonie ! A vous est dévolu
« l'honneur de tenter cette grande entreprise...
« Vous serez 150.000 hommes avec 400 bouches
« à feu. Les succès seront difficiles dans la pre-
« mière période de la lutte, mais la victoire nous
« restera, car l'ennemi a envoyé sur les bords de
« la Loire ses plus nombreux et meilleurs soldats.
« Pour moi, j'y suis bien résolu, j'en fais le ser-
« ment devant tous, devant la nation toute entière,
« je ne rentrerai dans Paris que mort ou victo-
« rieux.

« Vous pourrez me voir tomber, mais vous ne
« me verrez pas reculer. Alors, ne vous arrêtez
« pas, mais vengez-moi.

« En avant donc, en avant, et que Dieu nous
« protège !

Général Ducrot.

Paris était dans une attente fiévreuse. On ne parlait que de la grande sortie.

Le général Trochu avait publié, de son côté, la proclamation suivante :

« Citoyens de Paris, soldats de la garde natio-
« nale et de l'armée, la politique d'envahissement
« et de conquête entend achever son œuvre. Elle
« introduit en Europe et prétend fonder en France

« le droit de la force. L'Europe peut souffrir cet
« outrage en silence, mais la France veut com-
« battre et nos frères nous appellent au dehors
« pour la lutte suprême.

« Après tant de sang versé, le sang va couler de
« nouveau.

« Que la responsabilité en retombe sur ceux dont
« la détestable ambition foule aux pieds les lois
« de la civilisation moderne et de la justice.

« Mettant notre confiance en Dieu, marchons
« en avant pour défendre la Patrie ? »

Général TROCHU.

Nous passons le reste de la journée et la nuit
dans le bois. Le froid était très vif. Nous avons
beaucoup souffert.

Bataille de Champigny

Première journée : 30 Novembre

Le 30 novembre à 6 heures 1/2 du matin, le
canon tonne. Ce sont les forts qui bombardent les
positions de l'ennemi. C'est le signal d'une grande
affaire ; la proclamation du général Ducrot l'an-
nonçait : on devait tenter de débloquer Paris en
traversant les lignes prussiennes.

A 7 heures, les troupes qui occupent le bois de
Vincennes se mettent en marche. Nous passons
sous la redoute de la Gravelle qui domine Joinville-
le-Pont. Nous arrivons près de la Marne en face
Champigny.

Nous voyons devant nous un pont superbe dont

deux piles avaient été coupées, dans les premiers de novembre, afin d'arrêter la marche de l'ennemi.

Ce pont avait une largeur de 6 mètres et une longueur de 150 mètres. Pendant la nuit, le génie militaire avait jeté des planches pour le passage de l'infanterie et les pontoniers avaient établi un pont de bateaux pour le passage de l'artillerie.

Nous traversons la Marne sur ce pont, au bruit du canon et de la fusillade, et nous rencontrons une soixantaine de prussiens faits prisonniers à Champigny.

C'est à ce moment que commence l'action.

L'artillerie ayant pris ses positions, bombarde les lignes ennemies.

L'infanterie, à part les tirailleurs qui fouillent les maisons et les jardins, se range en bataille et avance lentement, sans bruit, les armes basses.

Les 2e et 3e bataillons des mobiles de la Côte-d'Or s'avancent vers le plateau, à gauche de Champigny et se dirigent sur le four à plâtre.

C'est de là qu'une batterie prussienne envoie des projectiles sur l'infanterie massée derrière les murs du cimetière. Mais les obus des forts et de l'artillerie de campagne lui imposent bientôt silence, et elle part au galop pour prendre place sur un autre plateau.

Il est à peu près 9 heures; jusqu'à ce moment l'artillerie seule a donné. On nous fait coucher derrière les pièces afin de ne pas être aperçu de l'ennemi. Les tirailleurs français arrivent dans le

bois et les prussiens l'évacuent. Il est 10 heures.
L'artillerie française change ses positions.

A midi, l'artillerie allemande occupe une mon-
tage séparée du plateau de Champigny par une
vallée profonde, et le combat entre l'artillerie continue de plus belle. Nos tirailleurs sont renforcés
et la fusillade continue sans cesse.

Nos deux bataillons ont suivis l'artillerie.

Nous sommes restés dans cette position jusqu'à
3 heures. A ce moment notre colonel arrive et
donne des ordres.

La canonnade et la fusillade effroyablement
nourries, continuaient leur œuvre.

Vers 4 heures, un artilleur passe près de nous
ramenant un cheval attelé à une mitrailleuse.
C'était, dit-on, tout ce qui restait de la batterie française qui était installée sur le versant du plateau.

C'est à ce moment qu'un commandement nous
fait lever et nous annonce que notre tour est arrivé.
Chacun passe la baguette dans son fusil pour
enlever la terre qui a pu y pénétrer. Puis, l'arme
à la main, sans bruit, à moitié courbés pour
échapper à la vue de l'ennemi, nous avançons lentement. Nous n'attendons plus que le signal d'attaque. Mais, il parait, que le lieu qui était désigné
pour notre but était devenu imprenable ; des
masses de troupes [prussiennes venaient de s'y
installer. De nouveau on nous fait coucher.

Vers 4 heures 1/2, plusieurs bataillons d'infanterie et de mobiles arrivent sous les murs du parc

de Villiers, attaquaient la première maison du village, lorsque une vive fusillade accueillit nos troupes.

La nuit tombait, le soleil se couchait derrière Châtillon et rougissait, de ses derniers reflets, les coteaux environnants, remplis de morts.

Vers 5 heures, la fusillade devient tellement nourrie, et les cris des blessés tellement déchirants, que nous étions là, nous demandant ce qui se passait et ce que nous allions devenir. Chacun songeait à sa famille et maudissait la guerre, cette chose horrible qui enlève tant de jeunes gens à la fleur de l'âge.

Pas un de nous n'a oublié cette journée si lugubre et si sanglante.

Avec le jour, le feu cesse. Tout rentre dans le calme. Quel contraste ! Après avoir pendant 9 heures, entendu les mitrailleuses crachant le fer et le plomb, les canons semant la mort de tous côtés et la fusillade fauchant des lignes entières.

Enfin ! en voilà une rude de passée ; mais demain que fera-t-on ?

La 2ᵉ armée prit position sur le terrain conquit. Mais pendant la nuit la bise glaciale fut une cruelle épreuve pour des hommes épuisés de fatigues et qui n'avaient rien pour s'abriter.

Malgré l'ordre formel qui nous interdisait de faire du feu, vers 2 heures du matin, nous n'avons pas pu résister au froid, nous avons allumé de petits feux pour nous réchauffer.

La journée du 1er décembre s'est passée assez tranquillement. Les prussiens avaient demandé une armistice. Malgré cela nous avons reçu quelques obus dans le courant de la journée.

Vers 9 heures du matin nous faisons un peu de soupe avec des raves que nous avons trouvées dans le champ où nous étions campés.

La bise soufflait, froide, glacée, avec quelques brins de neige.

Dans l'après-midi nous sommes allés près de Champigny et nous découvrons des baraques que l'ennemi avait construites et qui pouvaient loger un grand nombre de soldats. A l'intérieur se trouvaient des matelas, des lits de plumes, de la paille, etc.

Nous nous empressons de tout déménager et de porter ce mobilier dans notre campement, où nous nous apprêtions à passer une bonne nuit. Mais, hélas ! nous avons été déçu, car le soir nous recevions l'ordre d'aller aux postes avancés.

C'est donc vers 7 heures du soir que les 1re, 2e, 6e et 7e compagnies partent pour occuper le bois qui se trouve devant nous, où avait eu lieu la bataille de la veille.

En arrivant, on place les sentinelles de distance en distance, et les hommes qui ne sont pas de faction se couchent aux pieds des arbres.

Vers 10 heures du soir, la nuit était noire, le caporal Vautot remplaçait les sentinelles, lorsqu'un officier l'aborda et lui dit :

— Tiens, voilà un poste ? c'est de la mobile, je crois ?

Vautot qui ne savait ou plutôt ne voyait pas à qui il parlait, répondit :

— Oui, c'est de la mobile.

— Très bien reprit l'officier, vous êtes bien ici, il n'y a aucun danger, vous êtes placés en 2e ou 3e ligne, vous n'avez rien à craindre. Il est même inutile de charger vos armes. Vous n'avez pas d'officiers !

— Pardon ? le capitaine est là, faut-il l'appeler ?

— Oh, inutile. Et il disparut (1).

Moi qui avais entendu cette conversation, j'eus des doutes. Je réveillai le capitaine Lambert qui dormait à coté de moi et je lui dis ce qui venait de se passer. Il alla trouver le caporal qui lui confirma le fait.

Nous étions tranquilles puisque l'on venait de nous dire que nous étions en 2e ou 3e ligne.

La nuit a été calme, pas un coup de fusil n'a été tiré.

Deuxième journée — 2 Décembre 1870

A 6 heures du matin, les 3e 4e et 5e compagnies de notre bataillon viennent relever celles qui avaient passé la nuit aux grandes gardes.

Puis les 4 compagnies retournent dans leurs campements, pendant que l'on relevait les sentinelles (2).

Aussitôt arrivé au camp, on fait former les faisceaux et le capitaine Lambert ordonne de faire

(1) Le sergent Duchesne qui était près du caporal a vu cet officier. Il a remarqué qu'il avait un manteau dans le genre de celui de l'artillerie.

(2) C'est le caporal Montenot qui était chargé de relever les sentinelles.

le café de suite, car il pourrait bien y avoir du nouveau aujourd'hui. Aussitôt les hommes partent au village chercher de l'eau et ceux qui restent allument le feu et préparent les marmites.

Mais dix minutes sont à peine écoulées qu'une vive fusillade part du côté de nos grandes gardes. Les hommes qui sont à Champigny reviennent au pas gymnastique.

Les balles pleuvaient sur nous ; chacun s'empare de son fusil. Plusieurs hommes n'ont pu arriver jusqu'au camp, car le canon se fait entendre et les obus viennent briser les quelques fusils qui sont de reste en faisceaux.

Moi et quelques-uns de la 2ᵉ, entre autre le sergent-fourrier Delacharmoy, nous nous jetons derrière des planches apportées la veille pour nous abriter du vent.

Mais les planches sont bientôt criblées de balles. Le campement commence à prendre feu, nous sommes forcés de battre en retraite.

En prenant mon sac, une bretelle est coupée, sans doute par une balle, force est donc de l'abandonner. Je n'ai pu sauver que mon fusil et mon clairon.

C'est à ce moment que Delacharmoy reçut une blessure. Je l'ai perdu de vue, et ce n'est que dans le courant de la journée que nous avons appris qu'il était tué.

Le capitaine Lambert crie : « En avant la 2ᵉ. »

Les 4 compagnies se trouvent dispersées, peu après nous nous trouvons une vingtaine d'hommes près d'un régiment de mobiles bretons.

A ce moment passe un général. Il nous demande

où sont nos chefs. Nous ne pouvons le renseigner.

— Il n'y a pas de sergent, pas un caporal, nous demande-t-il ?

— Non, mon général.

S'adressant aux officiers bretons :

— Lequel d'entre vous, messieurs les officiers veut bien se mettre à la tête de ces braves mobiles de la Côte-d'Or !

Un capitaine sort des rangs et dit :

— Moi mon général !

— Votre nom ?

Il tire un carnet et inscrit le nom du capitaine.

Notre nouveau chef nous dit : « En avant, mes braves ! »

Nous remontons le village pour nous diriger du côté du bois.

A moitié chemin, nous rencontrons le capitaine Lambert.

— Où allez-vous, nous demande-t-il !

Nous lui racontons ce qui venait de se passer. Il sert la main à son collègue, puis nous partons du côté de l'action.

A ce moment la fusillade crépitait et le canon grondait sans discontinuer. Les balles passaient au dessus de nous comme des abeilles.

Nous faisons une halte dans une cour, le capitaine Lambert nous raconte ce qui s'était passé.

Pendant que l'on relevait nos grandes gardes, les prussiens arrivèrent dans le bois. Nos sentinelles entendaient bien du bruit, mais croyant être en 2e où 3e ligne, elles pensaient que c'était les postes avancés qui se repliaient. Mais c'étaient bien les prussiens qui avançaient pour reprendre les positions que nous avions conquises.

Nos 3 compagnies sont attaquées et une partie des hommes sont désarmés.

Au premier coup de feu, les 35e et 42e de ligne qui étaient dans Champigny se lancent vers le bois et dégagent nos hommes.

Nos pertes sont sensibles. Notre colonel, M. de Grancey, qui était là, tombe un des premiers, mortellement blessé de deux balles dans le ventre et plusieurs hommes sont tués et blessés à coups de baïonnette.

Voilà ce que nous dit notre capitaine.

Alors il compte les hommes présents, une quarantaine environ. Il nous divise en deux sections : « Je commandrai la première, dit-il, avec mon collègue qui est fermement décidé à nous suivre. Le sergent-major Bourée commandera la deuxième; quant au clairon il restera avec la dernière, qui ne partira d'ici que quand nous serons arrivés à l'entrée du bois. »

Nos deux officiers partent avec la première section qui se déploie en tirailleur.

L'ennemi qui les aperçoit dirige son feu de leur côté. Le sergent-major et moi nous nous avançons au coin du mur pour voir si nos camarades étaient déjà loin. Nous les vimes à 100 mètres environ qui couraient.

Nous apercevons à une dizaine de mètres un homme couché dans une roie de champ.

« Est-ce que le caporal Ferriot est mort, dis-je au sergent-major. » « Il n'est peut-être que blessé, me

répondit-il, mais nous ne pouvons aller le chercher. C'est impossible de sortir d'ici.»

Ces paroles n'étaient pas prononcées que nous
voyons le caporal lever la tête. Nous lui faisons
signe de venir nous rejoindre ; il baisse la tête
à nouveau. Les balles sifflent au-dessus de lui,
il n'ose pas bouger. Enfin quelques instants
après, il revient vers nous, n'ayant aucun mal.

Il est 10 heures. La première section est au
prise avec l'ennemi.

Les balles sifflent si fort que la deuxième section
ne peut quitter cet abri. Ce serait exposer trop de
monde. Alors les hommes font des crêneaux et
tirent du côté du bois où est l'ennemi.

Vers 10 heures 1/2, le commandant, M. Diérolf,
et quelques officiers de notre bataillon, montent
la rue et nous aperçoivent. Il viennent à nous.

Le sergent-major leur raconte que notre capitaine
était parti avec une vingtaine d'hommes, qu'il
avait donné des ordres pour que nous allions le
rejoindre, mais qu'il était impossible de sortir
d'ici, car les prussiens dirigeaient leur feu dans
notre direction.

Le commandant s'avance vers moi et me dis :
« Voilà une mauvaise journée pour nous. »

J'étais assis sur une pierre, les pieds près d'un
petit feu.

Je me lève et je lui dis : « Mon commandant si
vous avez froid aux pieds, voilà une chaise et du
feu. »

Il accepte, s'assoie, et nous tient conversation.

Nous parlâmes de notre colonel et de tous ceux qui avaient trouvés la mort dans cette attaque si cruelle pour nous.

Un homme qui tirait dans le jardin vint près de nous et dit : « Puisque nous ne pouvons pas avancer, je vais faire le café. » Sur la réponse du commandant, il fit le café pour tous les hommes présents.

Les balles sifflaient toujours, et quelques obus passaient au-dessus de nous pour aller tomber dans Champigny.

Vers midi, notre capitaine adjudant-major arrive. Après avoir serré la main du commandant, il lui dit : « Nous restons maître de la position ; les prussiens en nous attaquant voulaient nous jeter dans la Marne. Quoique s'étant emparés de nos trois compagnies, ils ne purent, grâce à la ligne, franchir le plateau.

« Nous avons le corps de notre colonel et presque tous nos morts. Les blessés sont nombreux.

« Restez-là, je retourne à l'Etat-Major pour avoir des ordres. »

A 3 heures 1/2 le capitaine Lambert revient des tranchées avec les hommes qui étaient avec lui.

A 4 heures du soir, la bataille est réduite à une forte canonnade. Le général Martenot donne l'ordre de rejoindre la brigade qui s'est reformée en arrière de Champigny.

Je sonne le rassemblement. Notre effectif était de 300 hommes, dont 75 sans armes.

La nuit tombait. On nous dit que nous allons passer la nuit ici. Le froid est très vif.

Outre le colonel de Grancey dont la mort est vivement sentie par tous ceux qui avaient su apprécier sa loyauté, sa fermeté et la noblesse de ses sentiments, le bataillon à eu dans cette affaire deux officiers blessés et environ quatre-vingt hommes tués, blessés ou disparus.

La 2e compagnie a eu plusieurs blessés : ce sont Rouard, blessé au poignet, Lucien Marchand, blessé au genoux, Jomain et notre sous-lieutenant blessés à la main. Goujet qui a suivi notre capitaine quand il a crié : *En Avant la 2e !* a eu la poitrine déchirée par les balles ; son képi avait reçu au moins 6 projectiles.

A la vue du sang qui coulait de ses blessures, il s'est retiré. Après un premier pansement de notre médecin-major il est parti pour le fort de Vincennes.

Le 3 décembre au matin, la fusillade se fait entendre du côté du bois. L'ennemi avait encore tenté de surprendre nos avants-postes, mais il n'y réussit pas.

Nous ne bougeons pas de place. Vers 9 heures nous faisons la soupe. Les uns avaient trouvé du lard, d'autres des légumes.

A 11 heures, le capitaine vint près de nous et s'invite à dîner.

— Volontiers, mon capitaine, mais nous n'avons pas de pain.

— J'en ai à peu près deux livres, répond-il, nous partagerons.

Nous mangeons une très petite soupe, mais les légumes étaient en suffisance.

A midi, un officier arrive et donne l'ordre de repasser la Marne pour retourner au bois de Vincennes.

Vers 2 heures le bataillon arrive au bois. Le froid est très vif, mais nous pouvons faire du feu.

Le 4, rien à manger. Vers une heure on nous fait une distribution d'un quart de vin.

Nous avons passé la nuit à cet endroit, nuit où nous avons beaucoup souffert du froid.

Le 5, à midi, nous partons pour Vincennes. On nous loge dans des maisons en attendant des ordres.

A 10 heures du soir, le sergent-major vient nous dire que nous pouvions dormir tranquille, mais de nous tenir prêt à partir le lendemain matin à 6 heures.

Le 6 décembre, à 6 heures du matin, nous partons pour Paris. A 7 heures on prend le chemin de fer de ceinture qui conduit le bataillon en gare de Courcelles.

De là, nous nous rendons à Neuilly.

A Neuilly

Le 7, la neige commence à tomber. Nous apprenons la défaite de l'armée de la Loire, à Orléans.

On nous règle nos appels : A midi et à 6 heures et demie dans les chambres. Retraite à 6 heures.

Le 8, la neige tombe. Les 1re et 2e compagnies se rendent à Paris faire visiter leurs armes.

Le bataillon complète ses cadres, refait ses

approvissionnements de tout genre, et participe au service de la place de Neuilly.

Le 9, au rapport on nous annonce que nous faisons partie du 3ᵉ corps d'armée et de la 9ᵉ brigade.

Le 10, revue du général Martenot.

Le 11, il tombe une pluie fine qui forme un verglas. Nous ne pouvons pas sortir.

Le 12, un ordre de la brigade informe qu'un décret en date du 8 décembre 1870, a conféré la croix de chevalier de la Légion d'honneur à MM. Bordet, capitaine à la 4ᵉ compagnie du 2ᵉ bataillon, Culmet, sergent-major à la 1ʳᵉ compagnie et la médaille militaire aux nommés Foujeu, sergent-fourrier à la 3ᶜ compagnie, Appert, caporal à la 5ᵉ, Goujet, garde à la 2ᵉ, pour leur belle conduite à Champigny.

Le 13, l'ordre est donné à 7 heures du matin de se tenir prêt pour 10 heures 1/2 ; nous devons assister au service funèbre de notre colonel et de tous les hommes morts au champ d'honneur. La cérémonie devait avoir lieu à 11 heures en l'église de Neuilly. A l'heure indiquée les 4 premières compagnies se rendent à l'église, en tenue de campagne.

Cette cérémonie dura 2 heures. La fanfare de notre bataillon exécuta plusieurs morceaux.

C'est un Dominicain qui a prononcé l'oraison funèbre.

Plusieurs généraux et tous les officiers étaient présents.

Le 14, dans la matinée, le nommé Gentilhomme de la 2ᵉ compagnie s'est fracturé deux doigts en nettoyant son fusil.

Les 15 et 16, écoles de bataillon et de tirailleurs à Longchamps.

Le 17, réveil à 6 heures 1/2. A 7 heures nous mangeons la soupe et à 8 heures nous partons pour les grandes gardes. Nous passons à Pluteau, à Surennes, puis nous gravissons les hauteurs de Rueil. Nous devions protéger des sapeurs qui faisaient des travaux de défense.

Du 15 au 31 décembre nous sommes restés inactifs.

Nous avons fait quelques promenades au bois de Boulogne, par le froid et la neige.

Le 1ᵉʳ janvier 1871, repos. Il y avait un fort verglas.

Les 2, 3 et 4, revue des effets. Promenade au bois.

Le 6, d'après l'ordre donné le 5 à 9 heures du soir, la brigade quitte Neuilly à 9 heures du matin pour se rendre à Gentilly.

Nous arrivons dans cette commune à 2 heures de l'après-midi.

A Gentilly

Nous sommes restés à Gentilly du 6 au 12 janvier.

Pendant ce temps, le bataillon se tient constamment prêt à prendre les armes pour se mettre à la disposition de l'Amiral Pothuau, commandant le fort de Bicêtre.

Le 12 janvier, après un ordre arrivé dans la nuit du 11, le bataillon quitte Gentilly pour se rendre à Ivry.

A Ivry

Dans cette commune le bataillon fait tout entier le service des grandes gardes en avant de Vitry.

Deux compagnies sont détachées à la batterie du chemin de fer.

Le 20, au soir, nous recevons l'ordre d'aller occuper la gare de Vitry et les maisons voisines pour servir de troupe de soutient.

Le 22, nous changeons de garnison. On conduit le bataillon à Cachan.

A Cachan

En arrivant à Cachan on nous loge dans les maisons qui avait été mises à sac, il ne restait absolument rien ; plus de portes, jusqu'au bois des fenêtres, tout avait été brûlé.

Les 23 et 24, on ne bouge pas. Nous avons seulement appel à midi.

Dans la nuit du 25 au 26, à minuit, un officier voyant un peu de lumière dans notre chambre, vint nous demander où restait le commandant. Un homme le conduisit.

On nous dit qu'une armistice est signée en attendant les préliminaires de paix.

Le 26, dans la soirée, nous partons aux grandes

gardes dans les tranchées, où nous sommes restés jusqu'au 28.

Ce fut nos dernières grandes gardes.

Dans la nuit de 27 au 28, un officier qui faisait une ronde nous demande si nous avons été tranquille dans la journée. Nous lui répondons que oui, mais que quelques coups de fusils avaient été tirés sur nous.

— Eh bien, nous dit-il, si vous voyez quelque chose tirez aussi.

Le 28, à midi, nous quittons notre poste pour rentrer à Paris.

Il fallait évacuer cette position pour 2 heures, car les prussiens devaient nous remplacer.

A Paris

En arrivant à Paris on nous conduit dans une gare et on nous fait déposer nos armes.

Après on nous conduit au jardin du Luxembourg dans des baraques en planches ou nous sommes restés 3 jours, ensuite on nous donne des billets de logement.

C'était triste de voir les habitants faire la queue à la porte des boulangeries pour toucher 300 gr. de pain, et fallait voir ce pain ! C'était comme un mélange de son, de poussière, en le mangeant ça croquait sous les dents.

Nous avons commencé à toucher un peu de pain que vers le 4 février, ensuite un peu de viande.

Voici le prix des denrées à cette époque ;

1 chou-fleur 17 fr. ; 1 navet 8 fr. ; 1 poireau 0.50 ; 1 betterave 4 fr. ; 1 livre de jambon 10 fr. ; 1 livre de lard 6 fr. ; 1 livre de beurre 40 à 60 fr. ; 1 lièvre de conserve 68 fr. ; 1 corbeau 2 fr. ; 1 moineau 2 fr. ; 1 œuf 2 fr. ; 1 lapin 30 fr. ; 1 pigeon 25 fr. ; 1 poulet 45 fr. ; 1 oie 85 fr. ; 1 dinde 120 fr. ; 1 kilo d'éléphant 105 fr.

***

Nous sommes restés à Paris du 28 janvier au 18 mars. Nous n'avions qu'un appel par jour, à midi, au Quai Malaquais.

Enfin, le 18 mars, après l'appel, nous partons pour nous rendre dans nos foyers.

Notre première étape fut Brie-Comte-Robert.

Le 19, le bataillon va coucher à Evry.

Le 20, il se rend à Lieusain et prend le train de la ligne de Lyon pour se rendre à Nuits-sous-Ravière.

Le 21, à 9 heures du matin, le bataillon arrive à Nuit et se rend à pied à Châtillon.

Nous voici de retour ; mais hélas, combien il en manque de cette grande famille qu'était le 2ᵉ bataillon.

On se serre la main et on se quitte. Chacun rentre dans sa famille.

———*———

APRÈS LA GUERRE

—

Les anciens combattants de la Côte-d'Or ont formé un comité pour élever un monument sur le plateau de Champigny, en mémoire de leurs compatriotes tombés sous le feu meurtrier des Prussiens dans les combats de Chevilly, Bagneux et principalement dans les journées du 30 novembre et 2 décembre à Champigny.

MM. Siredet et Leprince, architectes à Dijon, ont bien voulu éclairer le comité de leurs conseils, afin que le monument soit digne des enfants de la Côte-d'Or.

Le monument est à la fois grandiose et imposant.

Les armoiries des quatre villes de la Côte-d'Or, Dijon, Beaune, Châtillon et Semur, y sont représentées sur les quatre faces.

De grandes et belles manifestations ont lieu tous les ans au monument, le 2 décembre.

***

A Châtillon, on a fait poser dans l'église Saint-Nicolas, une plaque commémorative où sont gravés les noms de tous les camarades tués au champ d'honneur.

En 1897, une Société s'est formée à Châtillon sous le nom de : *Société Amicale des Anciens Gardes Mobiles de la Côte-d'Or.* Elle a son siège à Châtillon.

Le but de la Société est d'entretenir aussi longtemps que possible des relations amicales entre tous les éléments qui ont constitué jadis le 2ᵉ bataillon de la Côte-d'Or, officiers, sous-officiers et gardes dont l'admission est de droit en en faisant préalablement la demande à la commission d'administration.

Les ressources de la Société se composent :

1° D'une cotisation annuelle de un franc par sociétaire ;

2° Des dons manuels qui peuvent lui être faits.

Ces ressources ont pour but exclusif, en dehors des frais d'impressions, de correspondances et de bureau, de déposer chaque année, le 2 décembre, au monument de Champigny, une couronne en souvenir des anciens gardes mobiles du 2ᵉ bataillon, tués à l'ennemi ou morts de maladie pendant la guerre de 1870-1871.

En cas de décès d'un membre de l'association, de déposer sur sa sépulture une couronne au nom de la Société.

Dans ce dernier cas, la famille est priée d'en informer la commission d'administration.

Dans la mesure du possible, une délégation assistera aux obsèques.

Une réunion générale, suivie d'un banquet, a lieu

chaque année, à Châtillon-sur-Seine, le dimanche qui suit le 13 octobre, anniversaire du combat de Bagneux.

Les sociétaires sont invités à s'y rendre aussi nombreux que possible, de manière à resserrer de plus en plus les liens fraternels qui les unissent.

A l'assemblée générale du 17 octobre 1897, la commission a été, à l'unanimité, composée comme suit :

MM.

Président d'honneur : Le commandant Diérolf, ✳.
Vice-président d'hon: Le capitaine Bordet, ✳.
Président : Le capitaine A. Lambert, ✳
Vice-président : Léon Japiot ✹. -
Secrétaire : Daniel Lévêque.
Secrétaire-adjoint Edouard Courageot.
Trésorier : Louis Pêchon.

Membres :
Fernand Daguin, ✳
Alexandre Fougeu, décoré de la médaille militaire.
Edouard Converset, ✹.
Alexandre Roussel.
Gustave Montenot.

Cette Société a été approuvée par un arrêté préfectoral en date du 2 août 1898.

✳✳✳

Le premier banquet eut lieu le 13 octobre 1891.

Depuis cette époque un grand nombre d'anciens officiers, sous-officiers et gardes, se réunissent tous les ans, à cette date, dans les salons de M. Edouard Courageot.

Une franche gaieté règne dans ces réunions où l'on est heureux de se revoir.

***

En 1912, la Commission d'administration est composée comme suit :

Président d'honneur : Le Commandant Diérolf, chevalier de la Légion d'honneur.

Président : Le Commandant Fernand Daguin, chevalier de la Légion d'honneur.

Vice-Président : Léon Japiot, Commandeur du mérite agricole.

Secrétaire ; Daniel Lévêque, Médaille d'or de la Mutualité.

Secrétaire-adjoint : Edouard Courageot.

Trésorier : Louis Pêchon, Médaille de bronze de la Mutualité.

Membres : Alexandre Fougeu, décoré de la Médaille militaire ; Edouard Converset, Officier du mérite agricole ; Alexandre Roussel ; Gustave Montenot.

***

Voici la liste des anciens gardes mobiles du 2e bataillon de la Côte-d'Or, ayant répondu à la convocation annuelle ou assisté au moins une fois aux réunions de l'Association Amicale :

MM.

Aigoin Julien.
Aubert Eugène.
Baillot Arsène.
Babouillard.
Baillot Lucien.
Bavois Léopold.
Berthelemot Jules.
Boramé Victor.
Dr Bourgeot.
Bresson Hippolyte.
Bierry Henri.
Cecile.
Courageot Edouard.
Converset Edouard.
Chouard Théophile.
Cornier Pierre.
Chauchefoin Adolphe.
Charbonneau.
Coquevelle Ernest.
Clerget Alexandre.
Daguin Fernand.
Diérolf.
Duchêne Charles.

MM.

Dartois.

Declere Alexis.

Drouot.

Damotte.

Durand.

Duthu J.-B.

Duthu Jules.

Fougeu Alexandre.

Foulon Jules.

Febvre Cyrille.

Febvre Auguste.

Fourneret Gustave.

Guilleminot Gustave.

Grapin Lucien.

Gourdon.

Gelot Jules.

Genty Léon.

Humbert Jules.

Hézard Auguste.

Isselin Isidore.

Japiot Léon.

Japiot Georges.

Jacquot Auguste.

Junot Gustave.

Laribe Jules.

Lepitre J.-B.

Lévêque Daniel.

Logerot Constant.

Malot Delphin.

MM.

Marot Alexandre.
Maignot.
Maletête François.
Montenot Gustave.
Merceret Hippolyte.
Mariot Aristide.
Muteau.
Noirot.
Perdrisot Nicolas.
Pêchon Louis.
Pernet Léon.
Perrot.
Pleutret Gustave.
Planson.
Pion Jules.
Pelletier Numa.
Quirot.
Radet Eugène.
Renaut Arist.
Roche Antoine.
Rousselet J.-B.
Rouget.
Roussel Alexandre.
Salomon Célestin.
Senet Charles.
Tanière Théophile.
Tridon Achile.

—

Beaucoup d'autres qui ont assisté aux réunions sont morts, entre autres : le capitaine Lambert, le fondateur de notre association, Baltié, Chamteloub Emile, Noël, Humbert, Labbé, Marchand Lucien, Voizot, etc.

***

Il y a quelques années M. Diérolf, notre ancien commandant avait prié la Commission de faire un annuaire du bataillon.

L'idée était excellente, mais hélas ! comment se procurer tous les noms des survivants de notre beau bataillon qui, cependant, doivent encore être nombreux.

Notre secrétaire, M. Daniel Lévèque, envoie tous les ans environ 160 convocations pour le banquet du 13 octobre et sur ce nombre 30 à 40 répondent à cette invitation.

Il serait à désirer que tous ceux qui ont fait partie du 2ᵉ bataillon envoient leur adresse au secrétaire et alors il serait facile de faire cet annuaire qui serait distribué à tous les camarades.

***

Enfin, en terminant ce petit opuscule, je suis heureux de recommander à tous les anciens gardes mobiles de notre bataillon, la très intéressante brochure que vient de publier notre cher commandant, M. Diérolf, sur le Combat de Bagneux.

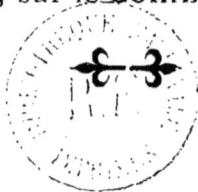

TABLE DES MATIÈRES

—

	Pages
Avant-propos	
La Garde Mobile	7
A Dijon	9
A Paris	10
A Montrouge	11
Le combat de Bagneux	15
Au boulevard Rochechouard	17
A Colombes	18
A Neuilly	20
A Ivry	21
Au bois de Vincennes	23
Bataille de Champigny (1re journée)	24
— (2e journée)	27
A Neuilly	36
A Gentilly	38
A Ivry	38
A. Cachan	39
A Paris	40
Après la guerre	43

—❦❦❦—